LE JUGEMENT D'EMPEIGNE,

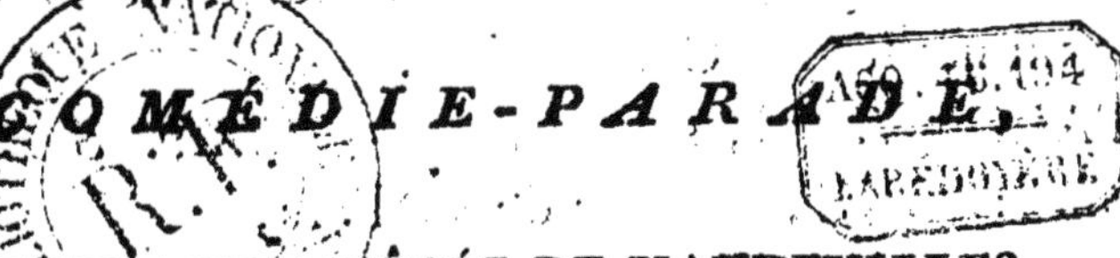

COMÉDIE-PARADE,

EN UN ACTE, MÊLÉE DE VAUDEVILLES;

Par le citoyen LECONTE, auteur de *Rosine* et *Valcour*.

Représentée, pour la première fois, à Paris, sur le Théâtre de la Gaité, le 10 Thermidor an IX.

A PARIS,

Chez FAGES, Libraire, boulevard Saint-Martin, N°. 26, vis-à-vis le Théâtre des Jeunes Artistes, et rue Meslé, N°. 25.

AN IX. (1801.)

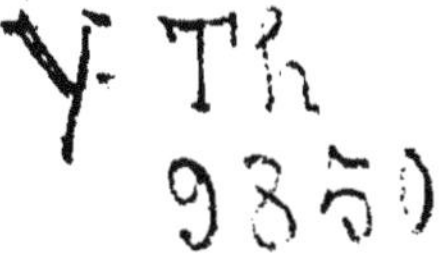

PERSONNAGES.	ARTISTES.
CUIR-NEUF, Syndic et président de la communauté des Cordonniers.	*Royer.*
TALONETTE, sa fille.	*Mlle. Savigny.*
EMPEIGNE, carleur de souliers, amant de Talonette.	*Melcour.*
JOSEPH, apprentif chez Cuir-Neuf.	*Boulanger*, fils.
COUTURE, syndic.	*Crebillé.*
BISEGUE, secrétaire de la communauté.	*Boulanger*, père.

Personnages muets.

PASSE-TALON.	Tous Syndics.
DOUBLE-COUTURE.	
ASTIC.	
TIRE-PIED.	
ENTRE-POINTE.	
GROS-FIL.	

La Scène se passe dans la boutique de Cuir-Neuf.

LE JUGEMENT D'EMPEIGNE,

VAUDEVILLE EN UN ACTE.

SCENE PREMIERE.

CUIR-NEUF, JOSEPH, *tous deux travaillant.*

JOSEPH.

TENEZ, notre maître, ce soulier est-il fait à votre goût ?

CUIR-NEUF.

Voyons... C'est très-bien, mon ami, c'est très-bien, continue toujours ainsi et je veux, que bientôt l'on reconnoisse à ton ouvrage les leçons sublimes que Cuir-Neuf te donne.

JOSEPH.

Aussi, vous savez que je fais très-exactement tout ce que vous me dites.

CUIR-NEUF.

C'est le seul moyen de profiter. Tiens prépare ce morceau de cuir dont j'ai besoin.

JOSEPH.

Oui, notre maître : pendant ce tems-là régalez-nous donc d'une petite chanson, cela n'empêche pas de travailler.

CUIR-NEUF.

Ah ! volontiers.

AIR : *Un tonnelier vieux et jaloux.*

La femme de mon vieux voisin,
Prône par tout qu'elle est fidelle,
Pourtant je vois chaque matin,
Jeune garçon venir chez elle;
De le recevoir est-ce bien ?
Cela ne nous regarde en rien,
Travaillez (*bis.*) bon cordonnier,
Vite achevez votre soulier.

Un jour j'écoutois doucement,
A travers porte demi-clôse,
Et j'entendis notre galant,
Qui vouloit cueillir une rose;
On résista; mais faiblement,
Et chacun fût bientôt content;
Travaillez (*bis.*) bon cordonnier,
Vîte achevez votre soulier.

L'époux arrive, et nos amans,
Vont l'entourer avec adresse;
L'un lui prodigue soins touchans,
L'autre l'embrasse et le caresse,
Puis il soupe... prise et s'endort,
Et Linval est heureux encor;
Travaillez (*bis.*) bon cordonnier,
Vîte achevez votre soulier.

JOSEPH.

Eh bien! mariez-vous donc? le beau fruit que vous en recueillez : voilà pourtant un homme qui, je dis, la gobe un peu fort.

CUIR-NEUF.

Toutes les femmes ne se ressemblent pas.

JOSEPH.

Vous croyez çà, mais si vous saviez ce que j'ai appris, vous parleriez bien autrement, allez.

CUIR-NEUF.

Ah bon dieu! que sais-tu donc?

JOSEPH.

Je puis vous le dire, car je m'en rappelle très-bien : j'ai lu dans un livre, qu'étoit ma foi superbe, qu'une femme avoit toujours un sûr moyen de nous tourmenter attendu qu'à sa naissance, le diable s'empare de son esprit.

CUIR-NEUF.

Ah! l'imbécille, va, ton observation ne m'empêche pas de dire, dans le cas où Talonnette, ma fille, prendroit un époux aujourd'hui pour demain; que je ne chercherois point à rappeler une autre femme aux honneurs de ma couche.

JOSEPH.

Je ne vous le conseillerois pas, vous êtes syndic de votre communauté, et à votre place je m'en tiendrois là; dans la crainte d'être...

CUIR-NEUF.

D'être...?

JOSEPH.

Baffoué de vos confrères, qui peut-être trouveroient à

redire de ce qu'ayant un emploi aussi honnorable, vous preniez une femme qui pourroit vous faire oublier le soin et l'activité que vous devez apporter dans les nobles travaux de votre charge.

CUIR-NEUF.

Il est vrai qu'elle est bien pénible.

JOSEPH.

Oui, sur-tout depuis que vos collègues vous ont nommé leur président.

CUIR-NEUF.

Je crains, à ne te point mentir, l'instant où cette présidence va commencer, car je t'avoue que rien ne me coutera plus que de prononcer l'amende sur quelqu'un.

JOSEPH.

Cependant, il faut des exemples.

CUIR-NEUF.

Certainement, car, sans cela, Paris seroit rempli de ces souliers qui n'ont pour eux qu'une apparence trompeuse, et qui cachent sous une semelle bien polie, un mince carton qui, se tournant en véritable éponge, porte, par son humidité, un préjudice continuel à la santé de toute personne usant journellement de talons et semelles.

JOSEPH.

Comme c'est ben vrai çà; mais, dites-moi donc, notre maître, ne peut-il pas arriver que prenant Pierre pour Paul, vous ne fassiez quelques balourdises dans la prononciation de vos jugemens, et qu'enfin vous ne jugeageassiez celui qui n'est pas jugeageassable?

CUIR-NEUF.

Où diable va-tu chercher cela?

JOSEPH.

Ecoutez donc, c'est que vous ne seriez pas le premier.

CUIR-NEUF.

Va, nous n'avons rien à craindre de ce côté. Mais laissons cela, et avisons aux moyens de faire rentrer des fonds dans ma caisse.

JOSEPH.

Vous avez raison, cela fera que ma tire-lire en deviendra plus lourde.

CUIR-NEUF.

Tu sais que je ne suis pas vilain, Joseph.

JOSEPH.

Ah! çà, c'est vrai.

CUIR-NEUF.

Pendant que je vais aller livrer cet ouvrage, tu vas reporter cette paire de remonture, à monsieur Maigret, le rentier d'ici à-côté, et s'il ne te paye pas, tu la rapporteras.

JOSEPH.

En ce cas, il faut mieux attendre qu'il vienne la chercher.

AIR : *Ça ne se peut pas.*

La caution est trop peu sûre,
Pour en espèrer du comptant,
Et le pauvre diable, je jure,
Peut n'avoir pas un sol vaillant.
Ce seroit donc être barbare,
De lui retenir ses souliers,

d'ailleurs il faut lui donner le tems de se reconnaître, car...

Vous savez que l'argent fut rare,
Dans le gousset de nos rentiers.

CUIR-NEUF.

Eh bien! tu feras pour le mieux, sur-tout, ne t'amuse plus à des jeux frivoles, songe, fanfan, que la tapette, la pigoche, la marelle et le bouchon, doivent sortir de ta mémoire: souviens-toi de cette sententieuse sentence.

» Toujours l'oisiveté, mère de la paresse,
» Engendre parmi nous, une affreuse détresse.

JOSEPH, *sur le même ton.*

Je le sais, et mes bras instruits par vos leçons,
Pour le travail déjà bravent nos fanfarons.

CUIR-NEUF.

Aussi je te destine une récompense digne de toi, vole, et reviens aussi-tôt. (*Il sort.*)

SCÈNE II.

JOSEPH, *seul.*

QUE diable veut-il dire avec sa récompense? seroit-ce de sa fille dont il voudroit parler? ce n'est pas l'embarras. elle a vraiment un fond sage.... elle est.... un peu coquette par exemple, et je crois que dans une femme c'est le plus difficile à corriger: je suis presque certain que si je voulois dire deux mots au papa, elle seroit bientôt à moi.

AIR : *De la pipe de tabac.*

Talonette est vraiment charmante;
Pour un époux c'est un trésor.
Elle est affable, et complaisante:
Enfin, elle vaut un mont d'or.

Sans peine j'en ferois ma femme,
Mais je vous le dis sans façon,
Joseph craindroit, malgré sa flamme,
Le sort de son pauvre patron.

Eh puis ! d'ailleurs, je suis sûr qu'elle a Empeigne dans l'œil, ce n'est cependant qu'un carleur soulier, *qui*, *que*, *quoi*, qu'il est mon ami, ne me vaut sans doute pas. Ma foi, toute réflexion faite, j'aime encore mieux rester garçon, ma tête en sera plus légère.. mademoiselle Talonette ?

TALONETTE, *dans la coulisse.*

Que me voulez-vous ?

JOSEPH.

Descendez, s'il vous plaît, garder le magasin, tandis que je vais m'acquiter d'une commission que votre père m'a donné avant de sortir tout-à-l'heure, accompagné de deux paires de souliers qu'il est allé porter, je ne sais où.

TALONETTE.

J'y vais.

JOSEPH.

Dépêchez-vous, car je vous attends.

SCENE III.

JOSEPH, TALONETTE.

TALONETTE.

EH bien, me voilà, vous pouvez partir quand vous voudrez.

JOSEPH.

Ne vous impatientez pas, mademoiselle, j'vais *m'hâter*, afin de revenir bientôt vous tenir compagnie, car je sais que vous n'aimez pas à être seule.

TALONETTE.

Ne vous pressez pas, M. Joseph, vous pouvez rester dehors, si vous avez quelques affaires.

JOSEPH.

Ah ! je sais bien que ce n'est pas ma présence que vous désirez le plus, et je suis bien sûr que vous aimeriez mieux que ce fût...

TALONETTE.

Qui donc ?

JOSEPH.

L'ami Empeigne, n'est-ce pas ?

TALONETTE.

Empeigne ou un autre ; je vous promets que cela me seroit indifférent.

JOSEPH.

Ah ! je dis, laissez donc, si je croyois cela vous me prendriez pour le rejetton d'une bête ; d'ailleurs, je ne vous empêche pas de l'aimer, il est mon ami et par conséquent je lui veux du bien : au surplus, je crois rester garçon, ainsi vous pouvez disposer de votre cœur.

TALONETTE.

Je vous suis très-obligée.

JOSEPH.

Ecoutez donc, c'est que sans lui j'aurois pu, peut-être vous épouser, voyez-vous.

TALONETTE.

Mais vous ignorez si j'aurois voulu de vous.

JOSEPH.

Vous êtes donc bien difficile : au reste je ne serois pas le premier homme qu'une femme épouseroit sans avoir pour lui un fond d'amour ; et puis, ce n'est plus aujourd'hui comme autrefois, qu'il falloit pour se marier être tout en feu l'un et l'autre.

AIR : *Avec les jeux dans le village.*

S'aimer n'est plus un avantage,
Qui d'un chacun comble les vœux,
Et bien souvent l'hymen engage,
Sans que l'amour serre les nœuds ;

Aussi...

Les deux époux, loin du ménage,
Ne songent plus à leur contrat...
Rentrés chez eux c'est le veuvage,
Qui s'endort près du célibat.

Ainsi, mademoiselle, voilà ce qu'on appelle un mariage à la mode.

TALONETTE.

Eh bien, je vous assure que ce n'est pas celui qui me plairoit le plus.

AIR : *Femmes voulez-vous éprouver.*

Je veux, si je prends un époux,
Qu'il m'apporte un amour extrême,
Toujours je préviendrai ses goûts ;
Afin qu'il agisse de même.
Jamais propos n'y différents,
Ne troubleront notre tendresse ;
Il sera le maitre céans...
Autant que je serai maitresse.

JOSEPH.

Tant mieux si c'est possible : à propos, j'oublie que M. Cuir-Neuf

Cuir-Neuf, m'a deffendu de perdre mon tems... au revoir mademoiselle, soyez tranquille, allez si je rencontre l'ami Empeigne, je vous l'enverrai.

TALONETTE.

L'on vous prie de vous acquiter de votre commission, et rien de plus.

JOSEPH.

Non je dis, c'est que je ne m'y connois pas, c'est le *courtois.*

SCÈNE IV.

TALONETTE, *seule.*

COMMENT a-t-il pu savoir qu'Empeigne a trouvé le sentier qui mène à mon cœur? quoi! pour la première fois que j'aime, serois-je entravée dans mes amours? mais pourquoi me turlupiner ainsi? Joseph n'est pas méchant, et je le crois incapable de nous nuire... Si pendant que je suis seule ici, mon amant, avoit l'esprit *d'apporter* ses pas de ce côté?

AIR : *Te bien aimer, ô ma chère Zélie.*

Entends ma voix, approche cher Empeigne,
Car ton cœur est, du mien le seul appui;
Et loin toi, je puis servir d'enseigne,
A la boutique où réside l'ennui. (*bis.*)

Mais je crois l'appercevoir. Justement, le voici.

SCÈNE V.

EMPEIGNE, TALONNETTE.

EMPEIGNE.

VOUS trouvais-je seule enfin, adorable Talonette?

TALONETTE.

Oui, cher Empeigne, mon père et Joseph, viennent de sortir dans l'instant.

EMPEIGNE.

Leur absence m'est d'autant plus favorable, que je pourrai du moins à mon gré vous offrir ce bouquet, qu'avec soins j'ai caché dans ma hotte, afin qu'il soit à l'abri des rayons du soleil.

TALONETTE.

Comment donc, mais il est vraiment joli.

EMPEIGNE.

Pour qu'il soit digne de vous, il faudroit l'impossible.

AIR : *De Raimonde.*

De plus d'une bouquetière,
Le panier fût visité,
Et nulle n'a pu me faire,
Bouquet à ma volonté;
Il y manque quelque chose,
Mais pouvais-je mieux choisir;
A qui surpasse la rose,
Dites, que peut-on offrir? (*bis.*)

TALONETTE.

Voilà ce qu'on appelle être galant.

EMPEIGNE.

Je suis vrai, belle Talonette, et ma bouche ne prononce pas un seul mot, que mon cœur n'en conduise les sillabes : je puis d'ailleurs vous assurer que la Lorraine qui me vît éclore, n'a point produit d'amant plus passionné que moi, et jamais deux beaux yeux n'ont plus que les vôtres, porté l'éteincelle électrique de l'amour, dans une âme plus fertillante que la mienne.

TALONETTE.

Je ne sais, tendre amant, comment répondre à d'aussi belles choses : mon esprit formé dans les formes de mon père, ne s'est jamais étendu plus loin que les quatre coins de sa boutique; mais je puis vous dire en peu de mots, que je grille autant que vous.

EMPEIGNE.

Que cet aveu me chatouille le cœur!

TALONETTE.

Mais dites moi, cher Empeigne, puis-je me flatter d'être sincérement aimé de vous?

EMPEIGNE.

Ah! ce doute me fait frissonner : vous ignorez donc qu'elle est la... *faculté* .. de vos charmes, non jamais cuir frappé entre grès et marteau ne reçut de coups plus terribles que ceux dont je fus blessé par vos brillans attraits, si je vous aime, grand dieu! consultez tout ce qui m'environne, mes chaises, ma table, mes formes, mes outils, les murs l'ambrissés de mon cabinet garni; tout porte l'empreinte du beau nom de Talonette, le matin, le jour, le soir, la nuit, vous êtes présente à ma mémoire; lorsque le cri de mon état appelle à la croisée quelques jeunes beautés à qui mon ministère est utile, je crois vous voir jeter les yeux sur toute la longueur de ma personne, enfin soit souliers, fils, pantoufles, je ne puis rien prendre sans croire vous toucher; si ce n'est pas là de l'amour, dites Talonette, dites à votre amant, ce qui lui reste à faire.

TALONETTE.

Rien pour me témoigner votre ardeur, et beaucoup pour me prouver votre amitié.

EMPEIGNE.

Que voulez-vous dire ?

TALONETTE.

Qu'il est tems, enfin, de faire connoître à mon père quelles sont vos intentions.

AIR : *connu.*

Si l'amour pour moi vous enflame,
Il faut le dire ouvertement :
Tarder de me prendre pour femme,
N'est point d'un véritable amant ;
Oui, j'en conviens sans nul mystère,
Je voudrois vous voir mon époux !
Mais avant, il faut que mon père,
Vous permette d'entrer chez nous.

EMPEIGNE.

S'il ne s'agit que de cela, dès aujourd'hui je parlerai ; mais je vous l'avoue, Talonette, je crains un refus outrageant.

AIR : *Trouver le bonheur en famille.*

Dieux ! quel sera mon embarras,
S'il refuse alors de m'entendre ;
Oui, je crains qu'il ne veuille pas,
Qu'Empeigne devienne son gendre.
Il est riche, il est tout-puissant :
Jugez donc de la différence,
Moi, qui n'apporte en épousant,
Que ma hotte et très-peu d'avance.

TALONETTE.

L'intérêt ne guide point votre amante, et elle se contentera du peu que vous avez à lui offrir ; quant à mon père, il est toujours le même, l'orgueil ne l'éblouit pas plus, assis sur sa chaise *présidiale*, que sur le tabouret de sa boutique, ainsi rejetez donc, à cet égard, toute terreur *pannée.*

EMPEIGNE.

Vous m'encouragez, chère Talonette, et je ne doute plus que mon bonheur ne soit assuré ; oui, le sort en est jetté, et demain, peut-être, vous serez mon épouse.

TALONETTE.

Demain, dites-vous ?... malgré l'extrême envie que j'ai de voir terminer notre mariage, je dois vous dire que la chose seroit impossible, car je n'ai rien de prêt.

EMPEIGNE.

Eh ! qu'avez-vous besoin de parure ? le négligé ne vous

suffit-il pas ? la beauté, en simple camisolle, n'est-elle pas toujours sûre de plaire ?

JOSEPH, *dans la coulisse.*

Travaillez (*bis.*) bon cordonnier,
Vîte achevez votre soulier.

TALONETTE.

J'entends Joseph, retirez-vous, cher amant, il est inutile qu'il vous voye près de moi.

EMPEIGNE.

Permettez avant, que ma bouche dépose un tendre baiser sur cette main blanche et rondelette ?

TALONETTE.

Que vous êtes exigeant... je vois qu'il faut vous contententer ; mais éloignez-vous.

EMPEIGNE.

J'obéis, et reviendrai bientôt pour décider de l'instant qui doit mettre le comble à mon bonheur.

SCÈNE VI.

TALONETTE, *seule.*

Et nous, portons vite ce bouquet dans ma chambre, afin que Joseph ne se doute point qu'il vient de m'être donné par Empeigne. (*Elle sort.*)

SCENE VII.

CUIR-NEUF, JOSEPH.

(*Cuir-Neuf entre d'un côté, ayant l'air égaré et marchant à grands pas ; Joseph entre de l'autre.*

JOSEPH, *sans voir Cuir-Neuf.*

J'ÉTOIS bien sûr que l'argent ne me chargeroit pas en revenant, et que... Tiens, qu'est-ce qu'il a donc, notre maître ? Seroit-il devenu fou ? Comme il tortille des yeux.

CUIR-NEUF.

O honte ! ô désespoir ! ô Saint Crépin !

JOSEPH.

Çà m'a l'air sérieux.

CUIR-NEUF.

Ah ! te voilà, Joseph ?

JOSEPH.

Oui, notre maître.

CUIR-NEUF.

Si tu savois....

JOSEPH.

Que vous est-il donc arrivé ?

CUIR-NEUF.

Quoi ! tu ne vois pas mes cheveux se hérisser sur ma tête ?

JOSEPH.

Ma foi, je vois bien le vent qui les agite par-ci par-là, mais je ne crois pas...

CUIR-NEUF.

Le vent, dis-tu ?.. Ecoute, et tu vas frémir d'horreur.

JOSEPH, *à part.*

Allons, il est frappé.

CUIR-NEUF.

Mais avant que tu m'écoute, écoutons d'abord si quelqu'un ne vient pas nous écouter.

(*Ils regardent chacun de leur côté.*)

Je ne vois personne.

CUIR-NEUF.

Tu me connois, Joseph.

JOSEPH.

Parbleu, si je vous connois.

CUIR-NEUF.

Tu sais que mon père, qui vendoit la Seine en détail, voulut me faire embrasser le même état; mais craignant de tomber un jour en pleine eau, je pris d'abord l'honorable profession, appelée restaurateur de la chaussure humaine. Mon goût et mon intelligence m'y firent faire des progrès rapides : las enfin de courir les rues, la hotte et les mains derrière le dos, je m'établis dans le passage de la Marmite ; je me fis ensuite recevoir maître : ma conduite, après un long espace de tems, me mérita la confiance de ma communauté, j'en fus nommé membre ; l'âge m'y plaça syndic, et mes confrères, Lundi dernier, à cinq heures trente-cinq minutes du soir, me nommèrent leur président.

JOSEPH.

Vous ne m'apprenez-là rien de nouveau.

CUIR-NEUF.

Mais sachez que c'est aujourd'hui que je dois en exercer les premières fonctions.

JOSEPH.

Et contre qui donc ?

CUIR-NEUF.

C'est là le hic; mais ne m'interromp pas, si tu veux tout savoir : comme je sortois de livrer mon ouvrage, je rencontrai M. Tourtière le patissier, il me demanda suivant son habitude, si je voulois prendre ma part d'un litre ; j'accepte et nous entrons chez M. Mélange, le marchand de vin : chemin faisant, l'amour de mon état conduisit mes regards sur sa chaussure, ses souliers élégament faits, piquèrent ma curiosité. Parbleu, lui dis-je, vous êtes bien chaussé ; ma foi, reprit-il, ce sont des souliers qu'Empeigne m'a vendus il y a huit jours, et que je viens de mettre dans l'instant... Juge de ma surprise, Empeigne, simple savetier, vendre du neuf; S. Crépin m'écriois-je tout bas, quelle infamie! la parole alors ne pu passer mes lèvres, et je gardai le plus profond silence. Nous sortîmes; et à peine étois-je à quatre pas du cabaret, que je reçus de la communauté, l'ordre de la convocation qui doit avoir lieu aujourd'hui même, dans l'enceinte de mon magasin.

JOSEPH.

Quoi! Empeigne...

CUIR-NEUF.

Est le coupable sur lequel je dois prononcer... Les souliers ont été rachetés au sieur Tourtière, pour servir de pièces *convictionelles*.

JOSEPH.

Tout pour lui n'est peut-être pas encore désespéré, car enfin, vous pourrez adoucir...

CUIR-NEUF.

Qui moi? non jamais.

JOSEPH.

Oui, vous, oui.

CUIR-NEUF.

La chose est impossible.

JOSEPH.

La chose est facile.

CUIR-NEUF.

Comment ?

JOSEPH.

En découpant le pourtour de votre sévérité.

CUIR-NEUF.

Non, je ne trahirai point à mes commettans, je ne veux pas devenir *terne* à leurs yeux.

JOSEPH.

Quel raisonnement mal fondé.

CUIR-NEUF.

Joseph!

JOSEPH.

Pardon, mais je plaide pour autrui.

CUIR-NEUF.

Est-ce une raison pour s'oublier devant le soutien des loix *Crépiniennes?*

JOSEPH.

Je puis avoir tort, cependant...

CUIR-NEUF.

Quoi! Cuir-Neuf, si vanté, si fêté, si redouté, cesseroit d'être intègre! ah cette idée seule me fait frémir!

JOSEPH.

Daignez au moins...

CUIR-NEUF.

C'est assez m'en parler; ainsi donc ne m'en parle plus.

JOSEPH.

Je me tais: cependant avant de coudre ma bouche avec le fil du silence, il me reste a vous dire qu'Empeigne fût votre ami.

CUIR-NEUF.

Il n'est plus d'ami pour qui trahit son devoir.

JOSEPH.

Ne peut-il pas, comme vous, faire de bons souliers?

CUIR-NEUF.

Que tu raisonnes *savatiquement*; il ne s'agit point ici de la bonté de la marchandise, mais bien du droit qu'il s'est attribué de trancher dans le neuf, quand il ne doit que couper dans le vieux; que deviendroit le code antique de saint Crépin, si l'on ne punissoit point exemplairement ceux qui osent y porter atteinte? Mais, laissons cela, voici l'heure qui m'appelle au rendez-vous, cours à mon appartement et m'apporte mon habit de cérémonie.

JOSEPH, *sort.*

Oui, mon maître.

CUIR-NEUF, *en ôtant son tablier et sa veste.*

Je ne puis qu'admirer le bon cœur de Joseph, ce garçon est vraiment contrit du malheur survenu à son ami, quand à moi, j'en suis presque aussi faché que lui.

JOSEPH, *rentre.*

Le voilà, ainsi que votre chapeau neuf.

CUIR-NEUF.

C'est très-bien. Tu vas m'accompagner, car j'ai besoin à mes côtés, de quelqu'un qui représente.

JOSEPH.

Je voudrois que vous puissiez trouver mieux... car je donnerois ce que je possède pour n'être point là

CUIR-NEUF.

Tu seras libre de t'éloigner pendant l'audience.

SCÈNE VIII.

LES PRÉCÉDENS, TALONETTE.

TALONETTE.

Vous allez sortir, mon père?

CUIR-NEUF.

Oui, ma fille : mes fonctions m'empêchent aujourd'hui de me livrer à mes travaux.

TALONETTE.

De quoi s'agit-il ?

CUIR-NEUF.

D'un jugement... qui t'affligera, sans doute autant que moi.

TALONETTE.

D'un jugement ! et contre qui donc ?

CUIR-NEUF.

Tu connois Empeigne ?

TALONETTE.

(*à part.*) Dieux ! (*haut.*) Eh bien ?

CUIR-NEUF.

Apprends qu'une fatale imprudence... Mais je n'ose t'en dire davantage ; plains-le, plains-moi, plains-nous : adieu, ma fille. Viens, Joseph, suis moi. (*Ils sortent.*)

SCÈNE IX.

TALONETTE, *seule.*

D'UN discours à peine commencé, je ne puis deviner la fin... Empeigne... ah ! lui qui connoit mon impatience, peut-il me laisser ainsi dans l'incertitude ?

AIR : *De Nina.*

Pour mon cœur seroit-il perdu,
Celui dont l'absence m'afflige ;
Que lui seroit-il survenu,
De crainte tout mon cœur se fige.
Mais, je regarde... hélas ! hélas !
Mon Empeigne ne revient pas. *bis.*

Si, dans son malheur, je pouvois le secourir ; mais où le trouver, où est-il ?

SCÈNE X.

TALONETTE, EMPEIGNE.

EMPEIGNE.

DANS vos bras, chère Talonette.

TALONETTE.

Quoi ! c'est vous que je tiens serré contre mon casaquin ?

EMPEIGNE.

EMPEIGNE.

Oui, c'est l'amant le plus tendre, qui vient, s'il est possible, vous apporter un baume consolateur, car il n'est pas que vous ne sachiez ce qui vient de m'arriver.

TALONETTE.

J'ignore encore le fond de cette affaire; mais instruisez-moi de tout, je vous en supplie.

EMPEIGNE.

Ah! jamais je n'en aurai la force.... Lisez ce billet, que ma main vous avoit tracé pour vous être remis dans le cas où je n'aurois pu vous rencontrer.

TALONETTE.

Hélas! que vais-je apprendre?

EMPEIGNE, *avec mystère.*

Ce que vous allez savoir.

TALONETTE, *après avoir lu.*

Dieux! quelle imprudence!

EMPEIGNE.

J'en conviens aussi, mais ne vous effrayez qu'à moitié, car dans le malheur qui m'accable, je puis du moins assurer Talonette que je ne suis pas entièrement coupable.

TALONETTE.

Je ne vous conçois pas.

EMPEIGNE.

C'est un secret que le tems vous découvrira.

TALONETTE.

Vous allez cependant, subir le jugement de la communauté, vous savez qu'elle est sans pitié.

EMPEIGNE.

Je le sais, et c'est de votre papa que je dois apprendre mon sort.

TALONETTE.

Si j'en crois le peu de mots qu'il m'a dit, il vous plaint autant que je vous aime; mais malgré cela, je crains que cette catastrophe, ne donne un cruel soufflet à notre union préméditée.

EMPEIGNE.

Tranquillisez-vous, ma toute adorable, un certain je ne sais quoi, élève dans mon âme un pressentiment qui me fait croire... que la journée ne finira pas comme elle a commencé.

TALONETTE.

Quand on est dans le malheur, il ne faut pas être si leste à se livrer à l'espérance.

EMPEIGNE.

Eh! ne savez-vous pas qu'il ne faut qu'un instant pour tout changer, et que le hasard...

TALONETTE.

Il falloit donc vous y tenir.

EMPEIGNE.

Point de reproches, je vous en conjure. Le hasard, voulois-je dire, ne peut-il pas nous être utile ?

TALONETTE.

Vous le croyez.

EMPEIGNE.

Oui, je le crois aussi fermement, que je suis certain, malgré ma disgrace, de vous être toujours cher.

TALONETTE.

Je n'ai qu'une parole, comme je n'ai qu'un cœur, et vous avez l'un et l'autre.

AIR : *Je l'ai planté.*

C'est dans ce cœur que votre image,
Fut empreinte pour plus d'un jour,
Car la mort seule à son passage,
Détruira ce qu'a fait l'amour. (*bis.*)

EMPEIGNE.

Ah! ce n'est aussi qu'en me fauchant, qu'elle me séparera de vous.

TALONETTE.

Lorsqu'on s'aime de la sorte, on ne doit rien se taire; sans doute, vous allez me détailler tout au long...

EMPEIGNE.

Je vous entends, Talonette, mais je ne puis... le secret est la, (*montrant son cœur.*) il doit y rester.

TALONETTE.

Et pourquoi ne point le déposer là ?

EMPEIGNE.

Je deviendrais parjure, croyez pourtant, qu'il m'en coute de ne point retirer votre esprit des coins et racoins, où ce mystère le fait promener.

TALONETTE.

Qui se méfie n'aime point.

EMPEIGNE.

C'est votre tante qui vous a dit çà. Moi, me méfier de Talonette! puisse avant, tanneurs, cuirs, té corroyeurs, se...

TALONETTE.

Puisse votre bouche ne s'ouvrir que pour jaser plus à propos, songez qu'il ne vous reste qu'un instant, et que je ne sais rien encore.

EMPEEIGNE.

Eh bien! vous l'exigez, exigeante, et pour vous, je vais rompre en mille et une miéttes, le serment que j'ai fait... apprenez donc... (*On entend la marche.*) mais voici la communauté qui s'avance, il faut absolument que je m'éloigne de vous.

TALONETTE.

Quoi! deux mots.

EMPEIGNE.

Bientôt vous saurez tout, il me reste une grace à vous demander : courez vîte au coche d'Agnière, c'est aujourd'hui qu'il arrive, et c'est sur lui que je fonde mon espoir. Ne perdez pas une minute, il y va de mon honneur.

TALONETTE.

Que peut avoir de commun...

EMPEIGNE.

Ne me refusez pas : adieu, chère Talonette.

(*Il sort.*)

SCÈNE XI.

TALONETTE, *seule.*

ME voilà bien avancée? quelle étrange position est la mienne !... pour avoir trop parlé, il ne m'a pourtant rien dit.

AIR : *Daignez m'épargner le reste.*

Vite pressons notre départ,
Car je vois l'heure qui s'approche ;
Et pour n'être point en retard,
Devançons s'il se peut le coche.
Puissai-je en ce jour peu charmant,
Où mon œil de larmes se baigne,
Ne point amaincir vainement, (*bis.*)
Ma semelle, pour mon Empeigne. (*bis.*)

Sortons de ce côté. (*Elle sort.*)

SCENE XII.

CUIR-NEUF, DOUBLE-COUTURE, COUTURE, TRANCHET, TIRE-PIED, BISEGUE, ASTIC, PASSE-TALON, GROS-FIL, *Marche.*

(» Plusieurs savetiers entrent deux à deux au son de la » musique, et portent les outils servant à la construc- » tion d'un soulier; deux autres portent chacun sur un » coussin couvert d'un tablier de peau, les souliers de » Tourtière. Les syndics sont précédés de Cuir-Neuf, » traîné par deux chiens; Joseph porte le code de saint » Crépin, près de lui est le secrétaire de la commu- » nauté. Les syndics prennent place sur deux bancs pla- » cés à cet effet. Les savetiers se trouvent derrière » Cuir-Neuf, monté sur une chaise très-élevée, à sa » droite est le secrétaire, à sa gauche doit être Em- » peigne ».)

CUIR-NEUF.

Chacun est-il en place?

TOUS.

Oui.

CUIR-NEUF, *à un savetier.*

Introduisez Empeigne : et vous confrères, apportez dans ce jugement la plus grande attention.

SCENE XIII.

LES PRÉCÉDENS, EMPEIGNE.

CUIR-NEUF.

APPROCHEZ.

LE SECRÉTAIRE.

La communauté, fondée sur des réglemens cousus par la sagesse et la prudence; convoquée légalement, en la maison de son président, appelle en son sein le sieur Empeigne, carleur souliers, battans rues et caréfours; à l'effet de répondre aux interpellations qui lui seront faites.

EMPEIGNE.

Je suis prêt à vous dire l'exacte vérité.

COUTURE.

C'est ce que nous allons voir.

CUIR-NEUF.

Ces souliers sont-ils de votre connoissance?

EMPEIGNE.

Oui, ce sont ceux que j'ai vendus, il y a huit jours au sieur Tourtière.

CUIR-NEUF.

Il dit vrai.

LES SINDYCS.

Continuez.

CUIR-NEUF.

Je continue : quel prix en avez-vous retiré?

EMPEIGNE.

Trois francs soixante-quinze centimes, et deux coups de rogome.

COUTURE, *se levant et prenant un soulier.*

C'est à trop bon compte, et la marchandise ne doit rien valoir.

EMPEIGNE.

Je l'ignore.

CUIR-NEUF.

Comment pouvez-vous l'ignorer? ne sont-ils pas votre ouvrage?

EMPEIGNE.

Voilà ce qui vous trompe, je n'en fus que le vendeur.

COUTURE.

Eh bien! nommez donc votre complice.

EMPEIGNE.

Non, ne l'espérez pas, il est mon ami et jamais je ne serai son délateur.

CUIR-NEUF.

C'est une mauvaise gambade... et vous n'en payerez pas moins l'amende.

COUTURE.

Ciel! ô ciel!

CUIR-NEUF.

Qu'avez-vous donc M. Couture?

COUTURE.

Les souliers sont cartonneux.

TOUS.

Double amende.

CUIR-NEUF.

Silence... il faut s'assurer, avec assurance, si la chose est sûre, M. Tranchet?

TRANCHET.

Me voilà.

CUIR-NEUF.

Tranchez dans ces souliers, vous messieurs Double-Couture, Astic, Tire-Pied, Entre-Pointe, Bisegue, Passe-Talon et Gros-Fil, examinez la chose de près.

TRANCHET, *remet le carton à Couture.*

COUTURE.

Voici le carton, (*il le dépose sur la table.*) vous voyez que j'ai dit vrai.

CUIR-NEUF.

En place et silence, (*à Empeigne.*) que répondez-vous à une preuve aussi évidente? ce carton est plus que suffisant, pour vous convaincre d'une fraude dont saint Crépin frémiroit lui-même.

EMPEIGNE.

Elle m'étoit inconnue! je n'ai rien à répondre, mais, j'observerai seulement...

AIR: *Je suis précepteur.*

Qu'il faut pour s'y connoître ainsi:
Que le syndic M. Couture,
S'en soit plus d'une fois servi,
Pour allégir une chaussure.

COUTURE.

Je puis m'y connoître, monsieur, sans en avoir fait usage.

CUIR-NEUF.

Silence... je crois, si je ne me trompe, que l'on est suffisamment éclairci.

TOUS.

Oui, oui.

CUIR-NEUF.

Il ne reste donc plus, qu'à prononcer l'amende.

EMPEIGNE.

Je ne dois y être que pour moitié.

CUIR-NEUF.

Silence... la communauté prononce contre le sieur Empeigne, une amende de deux cents écus.

SCÈNE XIV ET DERNIERE.

LES PRÉCÉDENS, TALONETTE, *accourant.*

TALONETTE.

ARRÊTEZ... il est....

CUIR-NEUF.

Quoi?

TALONETTE.

Mon amant.

CUIR-NEUF.

Qui?

EMPEIGNE.

Moi.

TALONETTE.

Lui.

CUIR-NEUF.

Vous?

EMPEIGNE.

Oui.

CUIR-NEUF.

Dieux.... ô fille, qui n'êtes ma fille, que parce que votre mère fut ma femme... je savois bien que votre cœur devoit un jour s'émanciper, mais l'avouer ainsi devant toute la communauté.

TALONETTE.

Je n'ai point consulté mon imprudence, je n'ai vu que son danger; d'ailleurs, je venois...

COUTURE.

Mais il me semble que ce n'est pas-là l'instant de s'expliquer là-dessus devant votre papa; et rien ne doit suspendre le jugement à intervenir.

TALONETTE.

Empeigne est innocent.

COUTURE.

Qui vous l'a dit.

TALONETTE.

Le courier du coche; au surplus, lisez cette lettre, et vous saurez tous à quoi vous en tenir.

CUIR-NEUF.

Voyons ce qu'elle contient · (*il lit.*) » d'Agnière, ce... » etc.... chers confrères, (c'est la commune d'Agnière » qui vous écrit.) Le nommé Béquet, carleur soulier, » vient d'être reconnu pour avoir fait, et vendu des sou- » liers neufs, il convient même, en avoir débité dans vo- » tre endroit, et que le sieur Empeigne, qui peut-être, » est connu de l'un de vous, en a acheté il y a quelque » tems; dans le cas où, ce dernier seroit appelé devant » vous, ne le jugez pas pour les avoir fabriqué «. *Salut :* RENFART, *pour le secrétaire, qui ne sait point écrire.*

Cette pièce authentique vous suffit-elle, messieurs?

TOUS.

Oui, sans doute.

CUIR-NEUF.

Il ne s'agit donc plus, que de diminuer l'amende.

COUTURE.

Cela est juste.

LE SECRÉTAIRE.

Tenez, messieurs, si vous voulez m'en croire, je vais donner le moyen de mettre tout le monde d'accord : qu'Empeigne se fasse recevoir maître, et l'amende sera nulle.

LES SINDICS.

Nous y consentons.

EMPEIGNE.

Je suis sensible à votre procédé, messieurs, mais dans ce moment, ma fortune...

CUIR-NEUF.

Eh bien! pour te prouver combien je partage cette opinion, je m'offre à te faire les avances exigées, pour ta maitrise.

EMPEIGNE.

J'accepte volontiers, si j'obtiens aujourd'hui la main de la belle Talonette.

CUIR-NEUF.

Quoi! tu veux?

EMPEIGNE.

N'avoir que vous pour beau-père.

JOSEPH.

Allons, notre maître, ne balancez pas plus long-tems, ne faut-il pas qu'elle se marie, tôt ou tard.

LE SECRÉTAIRE.

Il a raison.

TALONETTE.

Mon père!

EMPEIGNE.

Ne nous refusez pas.

CUIR-NEUF.

Tu le veux...; tu la veux... vous vous voulez; il faut donc que je le veuille aussi : elle est à toi.

EMPEIGNE.

Ah ! chère Talonette !

LE SECRÉTAIRE.

La séance est levée.

CUIR-NEUF.

Empeigne, tu passe en un instant de l'état de savetier, a celui d'illustre pontif; ne vas pas t'oublier au sein des honneurs, brûle ta hotte, tu le peux; mais souviens-toi toujours de ceux qui en ont coupé les bretelles.

EMPEIGNE.

Soyez tranquille.

JOSEPH.

Voilà-t-il une affaire qui vient de bien tourner pour toi.

EMPEIGNE.

Tu as raison, et je t'avoue que je ne devois pas présumer en être quitte pour la peur.

CUIR-NEUF.

Je te crois sans peine.

VAUDEVILLE.

AIR : *Si Pauline est dans l'indigence.*

J'étois ma foi loin de m'attendre
Qu'on alloit ainsi te juger,
Et qu'à te recevoir pour gendre,
J'allois aujourd'hui m'engager;
Mais tout pour toi change de face,
Tu trouve justice et bonheur,
Que de gens voudroient à ta place,
En être quitte pour la peur. (*bis.*)

EMPEIGNE.

J'ai su choisir femme jolie,
Il ne seroit pas étonnant,
De voir un jour la jalousie,
M'inspirer son affreux tourment;
Mais dans ce cas je t'en supplie,
Présente à mes yeux mon erreur,
Et je te dirai l'âme attendrie,
Oui, j'en suis quitte pour la peur. (*bis.*)

TALONETTE, *au public.*

Sachant que cette bagatelle,
N'offre aucun trait ingénieux,
L'Auteur tremblant, craint la nouvelle,
D'un jugement trop rigoureux;
Mais s'il voit que votre indulgence,
Lui témoigne un peu de faveur,
Il se dira j'ai l'assurance,
D'en être quitte pour la peur. (*bis.*)

FIN.

www.ingramcontent.com/pod-product-compliance
Ingram Content Group UK Ltd.
Pitfield, Milton Keynes, MK11 3LW, UK
UKHW020230180726
13838UKWH00005B/2298